전설 속 상상 동물을 찾아서
ⓒ 2003 글 이인식 · 그림 이우일

1판 1쇄 | 2003년 7월 7일   1판 3쇄 | 2008년 11월 29일
글쓴이 | 이인식
그린이 | 이우일
펴낸이 | 강병선
펴낸곳 | (주)문학동네
출판등록 | 1993년 10월 22일 제406-2003-000045호
주소 | 413-756 경기도 파주시 교하읍 문발리 파주출판도시 513-8
전자우편 | kids@munhak.com   홈페이지 | www.munhak.com
카페 | cafe.naver.com/kidsmunhak
전화번호 | (031)955-8888   팩스 | (031)955-8855

ISBN 89-8281-695-X 04210   89-8281-693-3(세트)

이 도서의 국립중앙도서관 출판시도서목록(CIP)은 e-CIP홈페이지
(http://www.nl.go.kr/cip.php)에서 이용하실 수 있습니다.(CIP제어번호 : CIP2003000588)

전설 속/상상/동물을/찾아서

전설 속 상상 동물을 찾아서

이인식 글 | 이우일 그림

문학동네

이 책을 읽는 어린이들에게

　꿈 많은 어린이 여러분에게 전설에 나오는 상상 동물들의 이야기를 해 드릴까 합니다. 상상 동물을 잘 모르면 아무래도 전설을 제대로 이해할 수 없을 테니까요.

　나라마다 전설이 있고 그 전설에는 각종 동물이 등장하게 마련입니다. 만일 동물이 출현하지 않으면 이야기가 성립되지 않을 정도로 많은 동물들이 주인공 노릇을 하고 있지요.

　우리 나라의 전설에는 대부분 까치, 올빼미, 개구리, 당나귀, 박쥐 등 우리 주변에서 흔히 볼 수 있는 동물들이 나옵니다. 하지만 다른 나라의 전설에는 사람의 상상력이 만들어 낸 별난 동물들이 적지 않습니다.

　중국의 경우 봉황, 기린, 용 등 이루 헤아릴 수 없이 많은 상상 동물들이 전설에 나타납니다. 인도, 이집트, 유럽의 전설에서 활약하는 기묘한 상상 동물들도 적지 않지요. 특히 불사조, 일각수, 용, 인어, 스핑크스 등은 동서양의 전설에 모두 등장하는 상상 동물입니다. 전설 속의 상상 동물 중에서 아무래도 가장 무서운 존재는 흡혈귀가 아닐까요.

한편 아직도 지구 곳곳에서는 네시나 예티처럼 과학적으로 설명되지 않는 신비 동물에 대한 이야기가 전해 내려오고 있습니다.

자, 지금부터 전설 속의 상상 동물을 찾아 흥미진진한 여행을 함께 떠나 볼까요?

2003년 6월 19일
이인식

차례

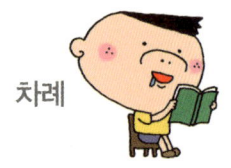

01

불멸의 상징

불사조, 피닉스, 봉황

동서양에 걸쳐 영원히 죽지 않고 주기적으로 순환하는 불사조에 대한 이야기처럼 널리 알려진 것은 드물다. 이러한 불사조는 전 세계 어디에서나 죽음에 대한 삶의 승리를 상징한다.

불사조는 인도 신화에서는 가루다, 이집트 신화에서는 베누라 불린다. 중국 사람들은 서양 사람들보다 먼저 봉황이라는 불사조를 꿈꾸었다. 서양에서는 그리스 신화에 등장하는 피닉스가 가장 유명하지만, 그리스 사람들보다 먼저 불사조의 전설을 만들어 낸 사람들은 이집트 사람들이다. 미라와 피라미드를 통해 영원한 삶을 추구했던 이집트 사람들은 불사조가 주기적으로 순환한다고 생각했다.

피닉스는 인도의 아름다운 숲 속 빈터에 집을 짓고 살았다. 형태와 크기는 큰 독수리를 닮았으며, 날개는 길이가 3미터로 무지개 빛깔이다. 장밋빛, 금빛, 푸른빛 등으로 곱게 치장한 피닉스는 상상 동물 중에서 가장 화려하고 우아한 존재로, 노랫소리도 매우 아름다워서 지구상의 모든 새들이 그 뒤를 따랐다. 하지만 어디에 내려앉든 흔적을 남기지 않았다. 또한 피닉스는 온전히 모습을 드러내는 경우가 거의 없어 보기가 아주 어려웠다. 게다가 이 외로운 새는 공기나 햇빛 또는 한 방울의 이슬만 먹고 살았을 뿐 생물은 결코 먹지 않았다.

　　　피닉스는 500년 동안 살다가 죽음이 가까워오는 것을 느끼면 인도를 떠나 서쪽 페니키아를 향해 긴 여행을 시작한다. 페니키아는 시리아 서부에 있던 나라로, 피닉스란 말은 '페니키아'에서 유래된 그리스 어이다.

　　　피닉스는 아라비아 반도 상공을 비행하면서 계피의 이파리와 줄기를 모은다. 페니키아에 도착하면 계피로 화장용 장작더미를 만들고 부리로 부싯돌을 마찰시켜 불을 붙인 뒤 자신의 몸을 불태운다. 다음 날 타고 남은 잿더미 속에서 한 마리의 작은 벌레 같은 것이 나타난다. 이 벌레는 순식간에 피닉스와 똑같은 모습으로 성장한다.

　　　사흘 뒤에 새로 태어난 피닉스는 불타 죽은 아비새의 재를 거두어 태양신의 사원으로 가져간다. 아비새의 재를 옮겨 놓

은 뒤 피닉스는 인도의 집으로 돌아간다. 이처럼 오로지 한 마리의 피닉스가 500년에 한 번 꼴로 불타 죽은 뒤 부활하는 과정을 반복하기에 피닉스는 불멸의 상징이 되었다.

한편 중국의 불사조인 봉황은 용·기린·거북과 함께 사신, 곧 네 가지 신비한 동물 중 하나이다. 봉황은 다른 사신들과 마찬가지로 음과 양을 동시에 나타낸다. 수컷인 봉은 양이며 해에 속하는 반면에, 암컷인 황은 음이며 달에 속한다.

봉황은 360여 종의 날짐승들을 다스리는 새들의 왕이다. 꿩과 공작을 닮았으며 화려한 광채가 나는 새이다. 봉황의 머리

는 수탉을 닮았고 태양을 상징한다. 제비를 닮은 등은 초승달을 뜻하며, 두 날개는 바람, 꼬리는 나무와 꽃, 다리는 대지를 상징한다. 요컨대 봉황은 다양한 요소가 어우러진 새로, 우주 전체를 나타낸다.

중국 선사 시대에는 덕망이 높은 천자에게 하늘이 호의를 보이는 징표로 봉황을 보내 궁전 정원을 넘나들며 노닐게 만들었다고 한다. 따라서 봉황의 출현을 길조로 여겨, 위대한 황제의 탄생이나 새로운 시대의 여명을 알리는 신호로 받아들였다. 이 새가 나타나면 천하가 평안해졌다고 한다.

또한 봉황은 '분리될 수 없는 화합'을 나타내는 결혼과 부부의 사랑을 상징한다.

봉황이 깃들일 수 있는 나무는 오로지 하나, 양지바른 산비탈에서 자라는 오동나무밖에 없다. 옛 선비들은 봉황이 특히 벽오동에만 둥지를 튼다고 믿었다. 깨끗하고 곧게 자라는 벽오동의 모양새가 선비의 올곧은 정신을 나타낸다고 생각했기 때문이다. 벽오동에만 봉황이 날아온다고 생각한 또다른 이유는 벽오동으로 만든 거문고 소리가 음악으로는 으뜸이었기 때문이다.

전라남도 여수에 있는 섬 오동도는 그 생김새가 벽오동 잎을 닮아 붙은 명칭이다. 오동도에는 한때 벽오동이 빽빽하게 자라 많은 봉황이 날아왔다고 전해진다. 일설에 의하면, 고려 공민왕 때 신돈이 전라도에서 고려 왕조를 뒤엎을 인물이 나올 것이라는 풍수설을 믿고 봉황이 날아드는 것을 막기 위해 벽오동을 모조리 베어 버렸다고 한다.

오늘날 벽오동은 봉황을 기다리고 있지만 봉황은 찾아오지 않는다. 큰 뜻을 품은 선비들이 사라지고 없기 때문이리라.

02

유니콘, 기린

뿔이 한 개 달린 동물, 곧 일각수는 유럽과 아시아에서 그 아름다운 모습을 드러낸다. 유럽의 일각수는 유니콘, 중국의 일각수는 기린이다.

유니콘은 로마의 플리니우스가 펴낸 『박물지』에 다음과 같이 묘사되어 있다.

"인도에서 이상한 짐승을 잡았다. 몸통은 말과 비슷하고, 머리는 사슴처럼 생겼으며, 발은 코끼리를 닮고, 꼬리는 멧돼지처럼 생긴 일각수이다. 이 짐승이 우는 소리는 매우 구슬펐다. 길고 검은 뿔이 이마 한가운데에 달려 있었으며, 산 채로 잡을 수 없었다."

유니콘은 유라시아, 특히 인도에 많이 살며 수풀에서 말처럼 풀을 뜯어 먹고 산다. 사자나 호랑이에게 잡아먹히기도 하는데, 수명은 40~60년이다.

유니콘은 본성이 사납고 길들여지지 않는 짐승이지만, 자기 새끼에게는 아주 헌신적이며 젊은 처녀 앞에서는 유순해진다.

유니콘의 대표적인 특징은 이름 그대로 뿔이 하나만 있다는 것이다. 이마 중간에 솟은 이 뿔은 길이가 45센티미터인데, 아래는 하얀색, 중간은 검정색, 끝은 진홍색으로 얼룩덜룩하다.

유니콘의 뿔을 구성하는 물질에 대해서는 구체적으로 알려진 것이 없다. 하지만 중세 유럽에서는 유니콘의 뿔을 물에 그저 담그기만 해도 강과 호수 전체를 소독할 수 있을 만큼 해독 기능이 아주 뛰어나다고 믿었다. 그래서 사람들은 유니콘의 뿔을 가루로 만들어 작은 주머니에 담아 우물 안에 넣어 두기도 했다.

이러한 특유의 해독 기능 덕분에 유니콘의 뿔은 어마어마하게 비쌌다. 같은 무게의 금보다 열 배나 비싼 값에 팔릴 정도였다. 1611년, 베네치아 공화국은 유니콘의 뿔을 구입하는 데 10만 플로린을 지출했다. 군대 일개 연대를 2년 동안 유지하고도 남는 액수였다. 1641년, 영국 왕실 재산으로 런던 탑에 보관 중이던 유니콘 뿔 한 개는 4만 파운드로 평가되었다. 오늘날 화폐 가치로 환산해 보면 백만 파운드(약 19억 2천만 원)에 해당되는 금액이다.

유니콘은 몸의 어느 곳 하나 버릴 데가 없다는 점에서 용

과 비슷하다. 뿔로 그릇을 만들어 사용하면 간질 발작을 피할 수 있고, 뿔의 가루를 넣은 주머니를 옷 안에 꿰매 달고 다니면 모든 병균을 물리칠 수 있다. 유니콘의 가죽으로 만든 허리띠를 차면 페스트에 걸리지 않고, 가죽으로 만든 신발을 신으면 발에 물집이 생기지 않는다. 유니콘의 간을 달걀 노른자와 섞으면 나병 치료제가 된다.

유니콘은 힘이 세고 빨라서 웬만한 방법으로는 붙잡을 수 없다. 유니콘의 모든 힘은 뿔 속에 있는데, 적을 만나면 그 뿔을 칼처럼 자유자재로 움직여서 갑옷과 방패를 뚫을 수 있기 때문에 아주 능숙한 사냥꾼일지라도 붙잡기가 쉽지 않다. 그러나 뿔을 역이용하면 유니콘을 골탕먹일 수도 있다. 큰 나무 앞에 서 있다가 유니콘이 돌진해 오는 순간 몸을 살짝 옆으로 비키면 뿔이 나무에 박히기 때문이다.

유니콘을 붙잡을 수 있는 또다른 방법은 순결한 처녀를 이용하는 것이다. 젊은 처녀를 유니콘이 지나가는 길목에 앉혀 놓고 숨어서 기다린다. 그러면 순결한 처녀를 좋아하는 유니콘이 처녀를 발견하고 다가와 그녀의 무릎 위에 머리를 얹고 잠이 든다. 그 때 사냥꾼들이 달려와서 잠든 유니콘을 사로잡는 것이다.

중국 고유의 일각수인 기린은 사슴 몸통에 소 꼬리와 말 발굽을 갖고 있으며 키는 1.5미터이다. 이마에 난 뿔은 유니콘과

달리 살이 변해서 된 것으로, 길이는 30센티미터 정도이다. 붉은색, 노란색, 푸른색, 흰색이 뒤섞인 털은 유니콘의 순백색 털보다 훨씬 화려하다.

　　기린은 1,000년 동안 살지만 거의 눈에 띄지 않는다. 유니콘보다 힘이 세며 붙잡거나 죽일 수 없다. 기린의 발걸음은 매우 가벼워서 밟고 지나간 자리에 흔적조차 남지 않는다. 또 물 위를 걸어다니기도 한다. 기린은 언제나 혼자 살며 깨끗하지 않은 것을 입에 대지 않기 때문에 네 발 달린 들짐승들의 왕이 되었다. 그러나 다른 동물들에게 절대 해를 끼치지 않는다.

　　기린은 말을 할 줄 알며 평화의 뜻을 전한다. 기린이 나타나면 어진 임금이 올 것이라는 징조이다. 기린이 나타난 뒤에 공자가 탄생했다는 일화는 유명하다.

03

해태

해태는 옳고 그름과 선악을 판단할 줄 안다는 상상의 동물이다.

중국의 고서인 『이물지』에 따르면 해태는 동북 변방에 있는 짐승으로 사자와 비슷하게 생겼으며, 머리 가운데에 뿔이 한 개 돋아 있는 일각수이다. 신선이 먹는 나뭇잎만 먹고 살며 충직하고 잘잘못을 능히 가릴 줄 알아, 사람들이 다투고 있을 때에는 옳지 못한 자를 뿔로 해쳤다고 기록되어 있다.

중국에서는 초나라 때부터 해태를 행정과 사법의 이상적 상징으로 삼아 궁궐 문 앞에 세워 두고 본받게 했으며, 법관 의복을 해태의 모습으로 장식했다고 한다. 특히 법관이 머리에 쓰는 관을 해치관이라 불렀다. 해태라는 말은 중국의 해치에서 유래된 것이다.

우리 나라에서는 서울 한복판인 광화문 앞에 있는 해태상이 유명하다. 광화문 앞에 해태상을 세운 이유에 대해서는 두 가지 설이 있다.

첫째는 조선 고종 때 흥선대원군이 경복궁의 화재를 막기 위해 해태상을 세웠다는 설이다. 경복궁 재건 공사가 잦은 화재로 늦어지자 한 지관(풍수설에 따라 집터나 묏자리의 좋고 나쁨을 가려 내는 사람)이 남쪽의 관악산이 휴화산이어서 그 불기가 화재의 빌미가 된다는 주장을 했다. 그래서 광화문 앞에 해태상을 세워 관악산의 불기운을 삼키도록 함으로써 화재를 막았다는 것이다.

풍수를 정치적으로 이용하는 데 능수능란했던 대원군은 경복궁을 짓는 동안 잇달아 불이 나고 민심이 흉흉해지자 해태가 불기운을 막아 주는 괴물이라고 소문을 냈던 것이다. 이 때부터 해태가 불을 막는 짐승이라는 민속 신앙이 자리잡게 되었다.

둘째는 해태가 옛부터 바른 정치를 상징하는 신비스러운 동물이었으므로 벼슬아치나 백성들로 하여금 본받게 하기 위해 광화문 정문의 좌우에 석상을 세웠다는 설이다.

해태상을 궁 앞에 세워 두면 궁궐에 거처하고 있는 임금이 성군임을 나타내는 상징이 될뿐더러 모든 관료들이 궁궐을 출입할 때 마음을 가다듬게 할 수 있다는 것이다. 따라서 신하들은 해태상이 세워진 자리에 이르면 말이나 탈것에서 내려야 했다.

『고종실록』에는 고종이 어느 날 궁문을 나서다가 해태가 있는 곳에서 말을 타고 있는 신하를 보고 호통을 치며 꾸짖었다는 기록이 나온다.

광화문을 지키던 해태상은 조선이 일본의 식민지가 되면서 비운을 맞게 된다. 총독부 건물 공사로 경복궁 담이 헐리고 대궐 터에 길이 뚫리면서 해태상도 제자리를 지킬 수 없었기 때문이다. 조선 왕조의 종말을 묵묵히 지켜본 해태상은 1923년 10월 어느 날 저녁에 돌연 자취를 감추었다. 그 당시 동아일보에는 다음과 같은 기사가 실렸다.

근년에 이르러 넘어가는 저녁 햇볕이 눈물에 젖은 옛 대궐에 비치고, 북악에서 넘어오는 쓸쓸한 바람이 너의 낯을 스쳐지나갈 때, 말없이 우두커니 서 있는 네 모양은 참으로 쓸쓸하였노라. 성이 헐린 터가 길이 되고 임금이 있던 대궐 터에 총독부가 새로 서는데, 너만이 편안히 살 수 있겠느냐. 그러나 춘풍추우('봄바람과 가을비'라는 뜻으로, 지나간 세월을 이름) 지키던 그 자리를 떠날 때에 네가 마음이 있다면 방울 같은 눈매에도 응당 눈물이 흘렀으리라. 긴 세월 동안 위엄 있고 유순하게 경복궁을 지키고 있던 네가 무슨 죄가 있어서 무

지한 사람들이 다리를 동이고 허리를 매어 끌어갔으랴.

　총독부 건물이 완성된 뒤 해태상은 그 앞으로 다시 옮겨졌으나 일본 제국의 아성을 지키는 꼴이 되고 말았다.

　해태상은 해방이 되고도 그 자리에 있다가 1961년 제3공화국에 이르러 광화문 건물이 복원되면서 오늘의 자리로 옮겨졌다. 그만큼 광화문 앞의 해태상은 우리 나라의 중요한 상징물이다.

　한편 서울 여의도 국회의사당 정문을 들어서면 대리석으로 만든 해태상이 두 개 있다. 그 해태상 밑에는 국회의사당이 여의도로 옮겨진 1975년에 해태 그룹이 해태상을 기증하면서 묻어 놓은 포도주 100병이 숙성되고 있다. 100년 뒤인 2075년, 국가에 경사가 있으면 축하주로 사용하라는 뜻이 담겨 있다고 한다. 해태는 한때 프로 야구단인 해태 타이거즈가 승승장구하면서 어린이들에게 꿈을 심어 주는 승리의 상징이 되기도 했다.

04

날개 달린 뱀

용

용은 '날개 달린 뱀'으로 뱀(물질)과 새(정신)가 결합된 동물이다. 수명은 400년 이상이며, 하늘·바다·산·동굴 또는 지하 세계에 산다. 소나 양 등 가축을 주식으로 하며 사람의 살, 특히 아이들이나 처녀들처럼 부드러운 살을 즐겨 먹는다.

일반적으로 서양에서는 용을 지하 세계의 주인인 괴물로 보는 반면에 동양에서는 은혜로운 하늘의 존재로 여긴다.

유럽의 용은 네 발 달린 동물로 독수리처럼 날카로운 발톱과 박쥐처럼 큰 날개가 달린, 몸집이 크고 꼬리가 기다란 뱀의 모습을 하고 있다.

서구인들은 언제나 용을 사악한 짐승으로 여겼다. 특히 기독교에서는 용을 뱀과 동일하게 보고 악마라고 생각했다.

서양 사람들은 용이 존재한다고 믿었다. 플리니우스는 『박물지』에 "용은 여름에는 상대적으로 차가운 코끼리의 피를 먹는다. 용은 코끼리를 공격해 친친 감고 이빨로 물어뜯어 죽인다."라고 적었다.

용은 여러 가지로 사용되었다. 로마 인들은 기병대 깃발에는 독수리를, 보병대 깃발에는 용을 그려 넣었다. 오늘날 '용의 부대'의 기원은 여기서 비롯된 것이다. 깃발에 용을 그린 목적은 적에게 두려움을 주기 위해서였다.

또한 용을 이용한 여러 가지 처방이 있었다. 말려서 꿀과 버무린 용의 눈으로 공포와 불안감에 효과가 탁월한 연고를 만들었다. 인간을 무적으로 만들어 주는 약의 조제법, 이를테면 사자의 털과 골수, 경주에서 우승한 말의 거품, 개의 발톱, 용의 꼬리와 머리로 이런 약을 만들 수 있다.

동양에서 용은 일반적으로 말의 머리, 뱀의 꼬리에 옆구리에는 커다란 날개가 달려 있고, 발이 네 개이며 발 각각에는 네 개의 발톱이 달려 있다고 한다.

용은 또다른 모습으로 그려지기도 한다. 뿔은 사슴, 머리는 낙타, 목덜미는 뱀, 비늘은 물고기, 발은 독수리, 눈은 악마, 귀는 소를 닮았다.

동양의 용은 때때로 용의 구슬(드래곤 볼)이나 빛나는 진

주와 함께 그려진다. 이 진주는 모든 욕망을 부여하는 진주, 곧 여의주이다. 여의주는 중국의 불교나 도교에서 예지와 해탈을 상징한다. 용은 언제나 여의주를 물고 있다. 여의주에서 용의 모든 힘이 나온다고 믿고 있다. 따라서 여의주를 빼앗기면 용은 곧장 무기력해진다.

동양의 용은 사는 곳에 따라 몇 가지로 나뉜다. 하늘에 사는 용은 신들의 궁전을 등에 지고 다니며, 신들의 궁전이 땅으로 떨어지는 것을 막는다. 지상에 사는 용은 하천의 흐름을 결정한다. 그리고 지하에 사는 용은 감추어진 보물을 인간이 찾지 못하도록 지킨다. 바다에 사는 용들의 임금, 즉 용왕은 휘황찬란한 궁전에 살면서 진주를 먹는다. 이러한 용왕은 다섯 명이다. 용이 바다의 수면 위로 올라오면 소용돌이와 태풍이 일어난다.

서양의 용은 사람들에게 공포를 주는 존재인 데 반해 중국의 용은 신성한 것으로서 천사와 같은 존재이다. 용은 지고의 영적 존재, 초자연적인 것, 강력한 힘을 상징한다.

하늘색의 용, 곧 청룡은 최고 위치의 용으로 하늘에 살며 하늘의 무한한 힘을 나타내지만 지상에서는 하늘에서 위임 받은 황제의 권능, 혹은 황제 그 자체를 상징한다. 청룡은 용왕이라고도 하는데, 풍작을 불러오는 비를 상징한다. 보통의 용은 이무기라 불리며 세속적인 힘을 의미한다. 뿔이 없는 이무기는 바다에 살며 심해를 지배한다.

중국에서 용은 제국의 상징이었다. 황제의 의자는 용상, 황제의 얼굴은 용안이라 불렀으며, 황제가 세상을 떠난 것을 알릴 때에는 용을 타고 하늘로 승천했다는 표현을 사용했다.

6세기 초엽에 육조 시대 양나라의 화가인 장승요가 벽화를 그렸는데, 네 마리의 용이 형상화되어 있었다. 그림을 본 사람들은 모두 그를 비난했다. 용의 눈을 그리지 않았기 때문이다. 기분이 상한 그는 다시 붓을 들어 용의 눈을 그려 넣었다. 그러자 번개와 천둥이 치면서 벽이 갈라지고 용들이 하늘로 날아 올라갔다. 그 뒤로 '화룡점정'이란 말은 가장 긴요한 부분을 완성시킨다는 뜻으로 널리 사용되었다.

05

연금술의 상징

우로보로스, 살라만드라

보통 사람들은 금이 희귀하기 때문에 가치가 있다고 생각한다. 그러나 연금술에서는 금이 부패하지 않는 유일한 물질이기 때문에 소중하게 여긴다. 연금술은 납이나 구리와 같은 비금속을 금이나 은과 같은 귀금속으로 바꾸려고 시도한 고대의 화학 기술이다.

연금술사들은 모든 물질은 근본적으로 하나이며, 소멸과 재생을 통하여 완전하게 될 수 있다는 신념을 갖고 있었다. 이러한 신념을 나타내는 상징적인 동물이 우로보로스이다.

우로보로스는 자신의 꼬리를 물고 있는 뱀으로, 그 이름의 뜻은 '자기 꼬리를 먹는 것'이다. 말하자면 '끝은 곧 시작'이라는 의미이다. 이 뱀은 끝도 없고 시작도 없다. 스스로 자신을 먹어치우고, 자신과 결혼하고, 자신을 새로 만들어 낸다. 우로보

로스가 만드는 원은 생명과 죽음, 창조와 파괴가 끝없이 순환하는 과정을 상징한다.

우로보로스를 그린 그림에는 으레 '모든 것은 하나에, 하나는 모든 것에'라는 뜻을 지닌 그리스 어가 쓰여 있다. 이 문구는 연금술의 표어로 널리 사용되었다. 연금술사들은 우로보로스의 머리와 꼬리가 하나로 만나는 것에서, 서로 반대되는 것들, 예컨대 선과 악, 땅과 하늘, 정신과 물질 등이 하나로 결합되는 방식을 발견하려고 하였다.

연금술사들은 자신들의 실험 용기에서 온갖 생명들이 태어나는 것을 지켜보았다. 그 중 하나가 불 속에서 사는 살라만드라(불도마뱀)이다. 살라만드라는 연금술에서 불의 정령을 나타내는 상징으로 사용되는 동물이다.

살라만드라는 도마뱀처럼 생겼으며 길이는 1.2미터 정도이고 크기는 개와 비슷하다. 검은 살갗 위에 군데군데 별 모양의 노란 반점 무늬가 있다. 유럽에서 곤충을 잡아먹고 살며 수명은 5~10년이다. 살라만드라는 겨울에는 속이 빈 나무에서 몸을 말고 봄이 올 때까지 겨울잠을 잔다. 암수의 구별이 없기 때문에 순결 그 자체로 여겨진다.

살라만드라는 화덕, 벽난로, 또는 활화산처럼 불이 있는 곳에서만 잘 살 수 있다. 불 속에서도 버틸 수 있기에 불멸의 상징이 되었다. 또한 어떠한 유혹에도 넘어가지 않는 의인을 상징하기도 한다.

　살라만드라는 불에 저항할 수 있을 뿐 아니라 마음대로 불을 끌 수 있는 능력이 있다. 플리니우스는 『박물지』에서 살라만드라의 몸이 지독하게 차가워서 그의 몸이 닿기만 해도 불이 저절로 꺼져 버린다고 밝혔다. 아무리 맹렬한 불꽃일지라도 순식간에 잠재울 수 있는 우유 같은 액체가 몸에 퍼져 있는 숨구멍으로부터 분비되기 때문이다. 따라서 살라만드라의 가죽으로 불에 타지 않는 직물을 만들어 방화용으로 사용했다.

　12세기 중반, 아비시니아(에티오피아의 옛 이름)의 프레스터 존이 비잔틴 황제에게 보냈다는 편지의 한 구절에는 이런 이야기가 나온다. 프레스터 존은 아프리카에 강대한 기독교 국가를 건설했다고 알려진 전설적인 왕이자 성직자이다.

　살라만드라는 불 속에 살며 누에고치를 만드는데, 왕궁의 귀부인들은 이것으로 실을 자아서 천을 짜 옷을 만들었다. 이 옷을 깨끗이 빨려면 불 속에 던지기만 하면 된다.

　살라만드라의 피부에 있는 번쩍번쩍 빛나는 별 모양의 반점에서는 젖 같은 액체가 배어 나온다. 이것은 인류에게 알려진 가장 강력한 독소 중 하나이다. 이 독소는 살라만드라가 내뱉거나 물 때도 퍼져 나간다. 이 독소에 닿으면 사람의 피부는 타서 오그라들고 결국 뼈만 남아 죽게 된다.

또 이 독소에 오염된 물은 마실 수 없다. 알렉산더 대왕의 말 2천 마리와 군대 4천 명이 인도에서 살라만드라의 독소에 오염된 강물을 마신 뒤 모두 죽었다고 한다.

살라만드라의 독소를 견뎌 낼 수 있는 유일한 동물은 돼지이다. 돼지는 살라만드라를 통째로 집어삼켜도 멀쩡하다. 그것은 독소가 돼지 피부 밑의 비계에 저장되고 몸 속으로 퍼져 나가지 않기 때문이다.

06

수수께끼를 즐기는 괴물

스핑크스

스핑크스는 사람과 사자의 혼합체이다. 스핑크스는 이집트 스핑크스와 중동아시아 스핑크스가 있다. 이집트 스핑크스는 사람 머리에 사자의 몸통을 하고 있고, 중동아시아 스핑크스는 독수리를 닮은 날개가 달려 있다.

스핑크스는 50~70년을 사는데, 이집트 스핑크스가 중동아시아 스핑크스보다 더 오래 산다. 이집트 스핑크스는 하루의 75퍼센트를 잠을 자며 보낸다. 그러나 일단 잠이 깨면 무서운 사냥꾼이 되어 큰 발톱으로 먹이를 붙잡아 입 크기에 맞게 작은 덩어리로 갈기갈기 찢는다.

스핑크스는 기원전 3000년경, 이집트 문명권과 메소포타미아 문명권에서 가축처럼 길들여졌다. 이집트 왕(파라오)들은 스핑크스 수컷에게 왕궁과 사원을 수호하는 역할을 맡겼다. 그러나 기원전 2000년경부터 이집트 사람들은 스핑크스 암컷이 수컷보다 길들이기 쉽다는 사실을 깨달았다.

한편 이집트 스핑크스보다 행동이 민첩한 중동아시아 스핑크스는 공격적인 면이 부각되었다. 날개가 달린 스핑크스가 적을 무찌르는 모습이 2륜 전차의 장식에 등장한 것도 이 무렵이다.

스핑크스가 유럽으로 건너간 것은 크레테의 왕인 미노스가 중동아시아의 스핑크스를 수입하면서부터이다. 기원전 8세기까지 그리스 사람들은 사원과 무덤의 수호자로 스핑크스를 이용했다. 그것은 스핑크스가 썩은 고기를 먹지 않는 유일한 괴물이었음을 잘 보여 준다.

스핑크스는 이집트 신화와 그리스 신화에 등장한다. 이집트 신화에서 스핑크스는 사람의 머리에 파라오의 머리 장식을 쓰고 엎드려 있는 사자의 모습이다. 스핑크스는 사람들에게 풀기 어려운 수수께끼를 던지고 그것을 풀면 영예를 안겨 주었다는 이야기로도 유명하다. 또 스핑크스는 태양신의 상징이기도 했다. 스핑크스와 파라오에 얽힌 유명한 일화 중에 이런 것이 있다.

사냥을 나선 한 젊은이가 피곤에 지쳐 석상 그늘에서 잠이 들었다. 꿈 속에 스핑크스가 나타나 젊은이에게 사막의 모래

가 자신을 덮고 있어 숨을 못 쉬겠으니 모래를 치워 달라고 간청했다. 그 대가로 스핑크스는 젊은이에게 왕위를 약속하였다. 모래를 치워 준 뒤 그 젊은이는 파라오가 되었다.

한편 그리스 신화에서 스핑크스는 얼굴과 가슴은 여자를 닮고 새의 날개를 가졌으며, 몸통과 발은 사자를 닮은 괴물로 묘사되고 있다. 스핑크스는 여자의 가슴을 갖게 되면서부터 희생자들을 무자비하게 찢어발기는 무시무시한 짐승으로 돌변했다.

기원전 700년경, 한 마리의 스핑크스가 그리스에 나타나서 테베 왕국을 공포에 떨게 했다. 이 스핑크스는 바위 위에 웅크리고 앉아 그 앞을 지나는 사람들에게 수수께끼를 내고, 수수께

끼를 푸는 자는 무사히 통과시켜 주었으나 못 푸는 자는 생명을 빼앗았다. 하지만 수수께끼를 푼 사람은 한 명도 없었고 모든 통행인들이 목숨을 잃었다.

고향으로 돌아가던 오이디푸스는 이 이야기를 듣고 스핑크스에게 나아갔다. 오이디푸스는 테베 왕의 아들로 태어났으나 훗날 아버지의 왕위와 생명을 빼앗아 갈 존재라는 신탁 때문에 아버지에게 살해당할 뻔했던 인물이다.

스핑크스는 오이디푸스에게 "아침에는 네 발로 걷고, 낮에는 두 발로 걸으며, 저녁에는 세 발로 걷는 것은 무엇인가?" 하고 물었다. 오이디푸스는 "그것은 인간이다. 어릴 때는 두 손과 두 무릎으로 기어다니고, 커서는 서서 걸어다니고, 늙으면 지팡이를 짚고 다닌다."고 대답했다. 스핑크스는 자신이 낸 수수께끼가 풀린 데 굴욕감을 느끼고 바위 밑으로 몸을 던져 자살하였다.

스핑크스 상은 고대 이집트에서 시작되어 세계 곳곳에 세워졌다. 이집트의 나일 강 서쪽 기슭에 위치한 기자 지역에는 이집트 왕국의 거대한 무덤인 피라미드들과 함께 스핑크스 상이 석회암 덩어리에 조각되어 있다. 기자의 스핑크스는 길이 약 72미터, 높이 약 20미터로 피라미드 앞에 엎드린 자세로 보초를 서고 있다.

스핑크스는 훗날 그리스 사람들에 의해 모방되었다. 뿐만 아니라 아시리아, 페니키아, 중국 등의 고대 문화권에서도 스핑크스 상이 발견되었다. 중국에서는 스핑크스 상을 집 앞에 세웠다고 하는데, 이는 스핑크스에게 수호 능력이 있다고 믿었기 때문이다.

07

이중적인 성질의 괴물

그리핀

그리핀은 독수리의 머리와 날개, 사자의 몸뚱이를 가진 잡종 동물이다. 이글거리는 눈, 꼿꼿이 세운 머리, 날카로운 발톱은 독수리를 닮았으며 사자와 닮은 몸통에는 긴 꼬리가 달려 있다.

14세기, 영국 여행가인 존 맨더빌(1300~1373)은 인도와 팔레스타인 등 동방 여러 지역의 기이한 풍물을 담은 『동방여행기』에서 "그리핀은 앞쪽은 독수리, 뒤쪽은 사자를 닮았다. 덩치는 사자 여덟 마리를 합쳐 놓은 것보다 더 크고, 독수리 100마리의 힘을 합친 것보다 더 세다."고 말한다.

그리핀은 동북부 유럽과 러시아 산악 지대에 사는 것과 인도의 산악 지대에 사는 것, 두 종류가 있다. 그리핀은 주로 바위가 많고 온도가 낮은 고지대에 보금자리를 마련한다. 수명은

50~60년이며, 짝이 죽으면 절대로 다른 짝을 구하지 않고 죽을 때까지 혼자 산다. 그리핀은 아무것이나 잡아먹는 잡식성 괴물이지만 특히 좋아하는 것은 말이다. 그리핀이 공격하지 않는 동물은 코끼리와 사자뿐이다. 중세의 동물 우화집에는 그리핀이 날카로운 부리와 발톱으로 사람의 몸을 갈기갈기 찢어서 내장을 꺼내 먹는 이야기가 실려 있다.

그리핀은 대단한 힘을 가진 야생 동물로, 자신의 몸무게만큼 무거운 것을 거뜬히 들어올릴 수 있다. 그리핀이 가장 열중하는 일은 산에서 금과 보석을 찾아내서 보금자리를 만드는 일이다. 그리핀은 본능적으로 금이 매장되어 있는 곳을 안다. 약탈자들이 금을 훔치러 접근하면 전력을 다하여 지켜 낸다.

그리핀이 가시에 찔리거나 어딘가에 부딪혀 몸을 다쳤을 때 그리핀을 치료할 수 있는 사람은 혼자 숨어 사는 은자뿐이다. 그리핀은 은자의 치료를 받고 몸이 다 나으면 감사의 선물로 자신의 발톱 하나를 은자에게 준다. 그리핀의 발톱은 독약이 묻으면 검게 변하는 성질이 있어서 독이 든 음식을 구별하는 데 쓸모가 있다. 따라서 은자는 그 발톱을 요리사를 믿지 못하는 왕들에게 비싼 값으로 팔아 넘긴다.

그리핀이 사람과 조우한 최초의 기록은 기원전 3000년경 이집트와 메소포타미아에서 발견되었다. 스핑크스와 함께 이집

트 사막에 나타난 것이다. 그리핀은 나중에 바빌로니아에서 스핑크스를 다시 만나게 되며, 둘은 함께 바빌로니아의 평화를 지키는 임무를 맡는다. 스핑크스가 그리스로 떠날 때 그리핀도 따라 나섰다. 그리핀은 그리스에서 포도주의 신인 디오니소스에게 고용되어 포도주 창고를 지킨다. 그리핀은 때때로 강력한 날개를 펼쳐 신들의 자가용 비행기 노릇을 했다. 특히 아폴론이 그리핀을 즐겨 타고 다녔다. 복수의 여신인 네메시스는 여러 마리의 그리핀에게 자신의 전차를 끌도록 했다. 로마 제국에서는 그리핀이 보석을 지키는 파수꾼으로서 경계, 정의의 보복, 보호의 상징으로 채택되었다. 일이 너무 많아 지쳐 버린 그리핀은 서양으로 날아가서 성당의 기둥머리로, 중세의 책 속으로 또는 멋쟁이

할머니의 스카프 위로 내려앉았다.

그리핀은 본질적으로 이중적인 성질을 지니고 있다. 새의 깃털과 들짐승의 털을 가진 그리핀은 하늘과 땅에 동시에 속한다. 또한 사자의 몸뚱이와 독수리의 머리를 가짐으로써 사자가 가진 지상의 힘과 새가 가진 하늘의 이미지를 동시에 나타낸다.

중세의 기독교도들에게 그리핀은 인간적이면서 동시에 신적인 그리스도의 본질을 상징했지만 다른 한편으로는 먹잇감에게 달려드는 사자의 잔인함 때문에 인간의 영혼에게 달려드는 악마의 이미지를 상징하기도 했다.

이와 같이 그리핀은 이중적인 생활을 꾸려나가고 있었으나 항상 태연자약했다. 그리핀은 절대로 사람들의 접근을 허용하지 않았으며, 결코 붙잡히지도 않았다.

훗날 이탈리아 시인 단테(1265~1321)는 예수의 신성과 인성, 종교적 권력과 세속적 권력을 함께 갖고 있는 교황을 그리핀에 비유했다. 『신곡』 「연옥편」의 29번째 노래에서 단테는 그리핀이 끄는 승리의 마차를 꿈꾸었다. 독수리를 닮은 부분은 황금색이고 사자를 닮은 부분은 진홍색이 섞인 백색이었다. 이 붉은빛을 띤 백색은 사람의 몸을 나타내는 색깔로, 예수의 인간적인 면을 드러낸 것이다.

08

바실리스크, 코카트리스

바실리스크는 세상에서 가장 악명이 높고 무서운 괴물 가운데 하나이다. 뱀과 어린 수탉이 결합된 바실리스크는 뱀의 몸통과 꼬리, 수탉의 머리와 발톱·날개·볏을 갖고 있다. 생김새로 미루어 바실리스크는, 뱀이나 두꺼비가 수탉이 낳은 기형적으로 일그러진 알을 품어 태어났다고 전해진다. 특히 하늘에서 시리우스 별이 빛날 때, 일곱 살 된 수탉이 낳은 알 속에서 바실리스크가 튀어나온다.

바실리스크의 출생에 얽힌 또다른 전설 중 하나는 수컷인 새가 따뜻한 똥더미 위에 낳은 알 속에서 생겨났다는 것이다. 어쨌든 바실리스크는 새와 파충류가 합쳐진 동물임에는 틀림없다.

바실리스크의 수명은 20~30년이며, 그리스 어에서 유래

한 이름은 '작은 왕'이라는 뜻이다. 또한 '뱀의 왕'이라는 호칭을 갖고 있기도 하다. 머리에 왕관 모양의 선명한 볏이 있을 뿐만 아니라 다른 뱀들이 충직한 신하처럼 복종하기 때문에 그렇게 불렸다.

알에서 갓 나온 바실리스크는 조그맣고 귀엽기까지 하다. 하지만 이 괴물은 금세 자라서 곧 흉측한 모습이 된다. 그리고 닭장을 떠나 사막처럼 덥고 건조한 장소에서 서식한다. 더 정확하게 이야기하면 바실리스크가 살기 시작하는 곳은 어디든 사막으로 변한다. 그만큼 바실리스크는 무서운 힘을 지니고 있다.

플리니우스는 『박물지』에 다음과 같이 적고 있다.

바실리스크는 다른 뱀들처럼 몸을 구불거리며 나아가지 않고, 똑바로 뻗은 채 나아간다. 바실리스크의 몸이 닿기만 해도 그 관목은 죽으며, 숨을 내쉬어도 죽는다. 심지어 바위도 쪼개진다. 바실리스크는 이와 같이 흉악한 힘을 품고 있다.

바실리스크의 시선이 한 번 스치면 날아가던 새들이 기름에 튀긴 듯 타 죽게 되고, 돌은 가루가 되며, 초원은 불길에 휩싸인다. 바실리스크와 눈길이 마주친 사람은 그 자리에서 몸이 마비되어 죽는다. 바실리스크에게 물리면 공수병에 걸려 몸이 뒤

틀리면서 죽게 된다. 공수병은 사람에게 감염된 광견병을 말하는데, 이 병에 감염되면 경련과 호흡 곤란이 일어나며, 물을 마시거나 보기만 해도 공포를 느끼게 된다.

바실리스크의 다리가 스치고 지나가면 새들의 시체가 쌓이고 과일들이 썩어 들어가며, 가축들이 마시는 강물은 몇백 년 동안 독성을 품게 된다.

이처럼 바실리스크는 시선, 접촉, 냄새 또는 숨소리로 생물을 죽게 할 만큼 무서운 힘을 지니고 있기 때문에 바실리스크를 막을 방법이 거의 없다. 바실리스크에게 창을 던지면 오히려 그 독기가 창을 통해 전달되어 사람을 죽게 만들 정도이다.

그러나 이처럼 무서운 괴물도 약점은 있다. 족제비에게는 힘을 쓰지 못하는 것이다. 족제비는 바실리스크와의 대결에서 대담하게 달려들어 싸우다가 바실리스크에게 물리면 '운향'이라는 약초를 먹는다. 운향은 바실리스크가 말려 죽일 수 없는 유일한 식물이다. 족제비는 원기를 회복한 뒤 다시 공격을 개시하여 바실리스크가 들판에 죽어 넘어질 때까지 공격을 멈추지 않는다.

또한 바실리스크는 자신이 비정상적으로 태어난 사실을 알고 있기라도 한 것처럼 수탉에게 대단히 약하다. 따라서 수탉이 우는 소리를 들으면 곧장 죽는다. 바실리스크를 죽일 수 있는 또다른 무기가 있다면 그것은 거울이다. 거울에 비친 자신의 모습을 보면 바실리스크는 그 자리에서 죽는다.

죽은 바실리스크의 시체는 유용하게 쓰인다. 예컨대 그 시체를 집에 걸어 두면 거미나 제비들이 집에 들어오지 못한다. 또한 재는 금속에 황금빛을 내 주기 때문에 사람들은 싼 값에 황금을 얻을 수 있었다.

바실리스크와 동일한 동물로 여겨질 만큼 구별하기 힘든 잡종 동물이 있다. 열대 지방에 사는 코카트리스이다. 닭·박쥐·도마뱀이 합쳐진 괴물로, 닭의 머리와 몸뚱이, 박쥐의 날개, 도마뱀의 긴 꼬리를 갖고 있다. 크기는 닭 정도에 불과하지만 바실리스크처럼 자신에게 직접 닿는 사람을 돌로 만들어 버리는 능력이 있다.

09

거대한 물고기

바하무트, 자라탄, 크라켄

이슬람의 전설에 따르면 쿠자타라는 황소는 4천 개의 눈, 4천 개의 귀, 4천 개의 코, 4천 개의 입, 4천 개의 혀, 4천 개의 발을 갖고 있다. 한쪽 눈이나 귀에서 다른 쪽 끝에 있는 눈이나 귀로 옮겨가려면 500년이 걸린다고 한다.

이 쿠자타를 받치고 있는 것은 바하무트라는 물고기이다. 아라비아에서는 바하무트를 하마나 코끼리가 물고기로 변형된 것이라고 생각한다. 바하무트는 굉장히 크고 광채가 나기 때문에 사람의 눈으로는 완전한 모습을 볼 수 없다. 이 물고기는 깊이를 알 수 없는 물 위에서 살고 있는데, 그 등에는 쿠자타가 있으며, 쿠자타의 등에는 루비(홍옥)로 된 산이 있고, 루비 산 위에는 천사가, 천사 위에는 여섯 개의 지옥이, 지옥 위에는 대지가, 대지 위에는 하늘이 있다고 생각하였다.

바하무트의 이야기는 신이 있다고 믿는 아라비아 사람들의 우주관이 반영된 것이다. 말하자면 모든 것은 그에 앞선 원인이 있는데, 원인이 계속 반복되는 무한한 연결 고리를 단절하기 위해서는 원초적인 원인을 규명하는 것이 중요하다고 생각하였음을 보여 주는 증거이다.

바하무트에 버금갈 정도로 거대한 물고기는 자라탄이다. 9세기 초 이슬람의 동물학자 알-자히즈가 펴낸 『동물들에 관한 책』에는 자라탄이 다음과 같이 설명되어 있다.

자신 있게 자기 눈으로 자라탄을 똑똑히 보았다고 말하는 사람은 한 명도 보지 못했다. 몇몇 선원들은 바다에 떠 있는 섬에 내리고 싶어했다. 그 섬에는 숲도 있었고 계곡도 있었다. 선원들은 커다란 모닥불을 피웠다. 불길이 자라탄의 등에 이르자 자라탄은 선원들을 태운 채 바다를 헤치며 나아가기 시작하였다.

자라탄처럼 보이는 대표적인 괴물은 크라켄이다. 크라켄은 바다 괴물 중에서 전설이나 우화에 가장 많이 등장하는 거대한 오징어이다.

2,400년 전, 그리스의 철학자인 아리스토텔레스는, 바다

위로 모습을 드러낸 뒤 스페인 해안 마을의 양어 연못으로 기어 들어간 거대 오징어에 관한 기록을 남겼다.

1555년, 스웨덴에서 추방된 가톨릭 대주교인 올라우스 매그너스(1490~1557)는 스칸디나비아의 신비 동물에 관한 책을 쓰면서 거대 오징어를 "여러 개의 머리를 갖고 있으며 머리는 모두 네모꼴이고 촉수가 달려 있다."고 묘사하였다.

1755년, 덴마크 출신의 저명한 박물학자인 에리크 폰토피단(1698~1764) 주교는 『노르웨이의 자연사』라는 저서에서 거대 오징어를 동물 세계에서 가장 큰 괴물이라고 언급하고 다음과 같이 묘사했다.

노르웨이 앞바다에 나타나는 거대 오징어는 크라켄이라 불린다. 크라켄은 너무 커서 사람 눈으로는 전체 모습을 볼 수 없을 뿐만 아니라 크라켄을 목격한 선원은 정신적인 충격을 받기 일쑤이다. 크라켄의 몸 둘레는 2.4킬로미터가량 된다. 첫눈에는 그저 해초에 둘러싸인 여러 개의 작은 섬처럼 보인다.

크라켄은 바다 깊은 곳에서 머물지만 가끔 수면 위로 모습을 드러낸다. 선원들은 섬으로 착각한 나머지 크라켄의 몸뚱이에 배를 정박하고 불을 지피게 마련이다. 크라켄이 깨어나서

물 속으로 들어가면 거대한 소용돌이가 생기면서 배가 뒤집히고 선원들은 익사한다. 때때로 크라켄은 머리에 달린 가시를 사용해서 배를 물 밑으로 끌어내린다.

크라켄보다 작은 거대 오징어의 시체는 여러 차례 발견되었다. 1639년 아이슬란드 해변에서 거대 오징어의 견본으로 신뢰할 만한 것이 최초로 발견되었다. 파도에 밀려온 시체의 촉수는 9미터 정도였다.

거대 오징어를 과학적으로 연구하기 시작한 것은 1840년대부터이다. 그 뒤로 죽었거나 죽어 가고 있는 거대 오징어가 해

변에서 발견됐다는 보고가 잇따랐다.

거대 오징어는 신비 동물학자들에게는 특수한 존재이다. 왜냐하면 그것이 존재한다는 사실을 알고 있을 뿐만 아니라 어디에 사는지 알고 있음에도 불구하고, 그것에 관해 아는 것이 거의 없기 때문이다. 그만큼 거대 오징어는 완벽하게 숨어 있다고 말할 수 있다.

10

바닷속의 반인반어

인어

인어만큼 자주 목격되고 실체의 존재 여부에 대해 사람들을 헷갈리게 하는 상상 동물도 드물다. 인어는 전설로 많이 알려져 있을 뿐만 아니라 박물관의 소장품으로 전시되고 있다.

인어는 허리 위는 사람이고 허리 아래는 은빛 비늘의 물고기인 반인반어이다. 세계 도처의 바닷속에 살며 수명은 75~150년, 크기는 1.3~1.6미터이다.

인어는 대부분 암컷이며, 수컷은 그리스 신화에 등장하는 트리톤 말고는 알려진 것이 없다.

인어는 날씨를 조절하고 미래를 예측하는 힘을 지니고 있다. 그래서 해안에 사는 어부들은 인어에게 금빛 거울과 빗을 복채로 건네 주고 점을 보았다.

인어는 여자의 얼굴에 독수리의 목을 한 세이렌과 두 가지 공통점이 있다. 둘 다 매혹적인 자태로 뱃사람들을 유혹하여 죽음으로 몰아넣고, 노래를 잘 부른다는 점이다.

플리니우스가 펴낸 『박물지』에는 스페인 남부 해안에서 목욕하던 인어가 슬픈 노래를 불렀다는 기록이 나온다.

인어가 여러 차례 붙잡혔다는 기록을 보면 인어는 실제로 존재했는지도 모른다. 1403년 네덜란드에서는 인어를 시골 도랑에서 붙잡아 15년 동안 감금해 놓았다는 기록이 있다. 인어는 양털 잣는 일을 배우고 십자가 앞에서 무릎 꿇고 기도할 줄도 알았다. 그러나 결코 말은 하지 않았으며, 여러 차례 탈출을 시도했다고 한다.

18세기 초, 보르네오 해안에서는 푸른 눈에 물갈퀴 손을 가진 인어가 붙잡혔다. 인어를 물탱크에 가둬 놓았는데, 생쥐처럼 찍찍 울며 고양이 똥 같은 배설물을 내놓았다. 아무것도 먹지 않던 인어는 나흘 뒤 굶어 죽고 말았다. 그 밖에도 인어가 남자와 결혼했다는 이야기가 전해 내려오는가 하면 심지어 사람의 아기까지 낳았다는 전설도 있다.

인어로 보이는 표본을 소장하고 있다고 주장하는 박물관도 있다. 영국의 대영박물관에는 18세기에 일본 해안에서 붙잡힌 인어의 표본이 전시되어 있다. 하지만 과학자들은 원숭이의 상반신을 물고기의 하반신에 꿰매서 만든 가짜라고 판정했다. 반면에 신비 동물학자들은 그 표본이 진짜라는 주장을 굽히지 않는다. 영국 에든버러의 왕립 스코틀랜드 박물관에도 인어라고 주장하는 표본이 보관되어 있다.

수컷 인어로 유일하게 알려진 트리톤은 바다의 신인 포세이돈의 아들이다. 바닷속 황금 궁전에 사는 트리톤은 소라고둥을 불며 시간을 보낸다. 소라고둥 소리는 세상 끝까지 울려 퍼진다. 트리톤은 미친 듯이 날뛰는 파도를 진정시킬 때 소라고둥을 불었다. 또 아버지의 2륜 전차를 수행할 때는 소라고둥을 불어 전차가 나아가는 것을 알리는 나팔수 노릇을 하기도 했다.

한때 로마 함대의 사령관이었던 플리니우스는 『박물지』에 수컷 인어를 여러 차례 보았다고 기록했다. 596년에는 두 마리의 트리톤이 나일 강에서 목격되기도 했다. 북아메리카의 인디언들은 그들이 아시아 대륙으로부터 바다를 건너올 때 수컷 인어들이 길잡이를 했다고 믿고 있다.

인어에 대한 기록은 중국의 옛 문헌에도 나타난다. 능어와 교인이 인어에 해당하는 동물이다. 능어는 여자 무당이 타고 다녔다는 용어와 동일한 반인반어이다. 교인은 깊은 바닷속에서 베틀에 앉아 옷감을 짰는데, 교인이 울 때마다 흘리는 눈물방울은 모두 빛나는 진주로 변했다고 한다.

중국의 신화집인 『산해경』에 나오는 적유도 인어의 일종
이다. 적유의 소리는 원앙새와 같았다. 적유를 먹으면 옴에 걸리
지 않는다고 한다. 한편 중국의 설화집인 『태평광기』에 "인어는
아름다운 여인으로 살결은 옥같이 희고 머리털은 말꼬리처럼 치
렁치렁하며 길이가 5~6척"이라고 묘사되어 있다.

　　인어의 목격담이 끊이지 않는 이유 가운데 하나는 해우
(바다소) 때문이다. 대서양, 아마존, 서아프리카 해안에 서식하는
이 동물은 젖으로 새끼들을 키우며 바다 깊은 곳에서 자라는 해
초를 먹고 산다. 물고기가 아니라 포유동물인 해우는 인어처럼

아름답지는 않지만 머리가 소처럼 생기고 아주 몸집이 커서 인어로 가끔 착각되곤 한다. 오늘날 해우는 사람들이 마구 잡아들인 탓에 멸종 위기에 처해 있다.

11

신비한 나라의 신비한 존재

요정

요정은 초자연적인 존재로, 인간 세계의 가장자리에 존재하는 신비스러운 세계에 살고 있다. 크기가 0.6~1.2미터에 불과한 요정은 그들 세계와 인간 세계를 마음대로 넘나들지만, 일단 요정의 세계로 붙잡혀 간 사람은 쉽게 탈출할 수 없다.

　　요정의 기원에 대해서는 여러 가지 이야기가 있다. 어떤 전설에서는 요정을, 천국으로 갈 만큼 선하지도 않지만 그렇다고 지옥에 떨어질 만큼 악하지도 않은 사람들의 영혼이라고 말하고 있다. 또다른 전설에서는 하늘에서 지상으로 추락한 천사라고도 한다. 이러한 설명들은 요정을 실재하는 것과 영적인 것의 중간쯤에 있는 존재로 여기고 있다는 공통점이 있다.

　　요정은 지구의 거의 모든 곳에 퍼져 있지만 일부 지역에서는 토종들의 완강한 저항으로 뿌리를 내리지 못한다. 대표적인 토착 요정으로는 브라우니, 픽시, 임프, 엘프, 님프가 있다.

브라우니는 스코틀랜드에 사는 작은 요정이다. 키는 1미터 정도이며 남루한 갈색(브라운) 옷을 입기 때문에 브라우니라 불린다. 사람의 집이나 농장에 살면서 허드렛일을 거들고 음식을 얻어먹는다.

픽시는 영국의 남쪽 지방에서만 발견되는 요정이다. 대단히 짓궂게 행동하며 속임수와 장난을 무척 즐긴다.

임프는 아일랜드에서만 나타나는 요정이다. 픽시와 키가 비슷하지만 픽시처럼 하늘을 자유롭게 날아다니지 못한다.

엘프는 스칸디나비아의 신화에 나오는 꼬마 요정이다. 숲속이나 땅 밑에 살며 수명은 400년 이상이다.

님프는 그리스 신화에 많이 등장하는 여자 요정이다. 님프는 몸집이 사람과 비슷해서 여자와 구별하기 힘들다. 그러나 보통 여자들과는 달리 황홀한 미모를 뽐내며 자태가 요염하다. 님프는 아름다운 외모에서 신비스러운 힘을 발산하기 때문에 님프를 흘깃 보기만 해도 눈이 멀 정도이며, 만일 님프의 나체라도 훔쳐보면 거의 죽을 지경이 된다.

님프의 수명은 1만 년 정도이다. 님프가 무엇을 먹고 사는지 밝혀진 것은 없지만 숲 속의 님프는 꿀, 올리브 기름, 우유

를 먹는 것으로 짐작된다. 한편 물 속에 사는 님프는 사람을 물 속으로 유혹해 익사시킨 뒤 먹어치운다.

그리스 신화의 많은 님프 중에서 테티스와 에코가 유명하다. 테티스는 바다의 님프로서 트로이 전쟁의 영웅인 아킬레스의 어머니이다. 에코는 숲 속의 아름다운 님프였으나 헤라 여신을 속인 대가로 남의 말을 따라할 수는 있지만 남보다 먼저 말할 수 없는 벌을 받는다. 에코는 미소년인 나르시스를 사랑하게 되었으나 먼저 말을 걸 수 없었기 때문에 대화를 나누지 못한다. 결국 실연의 슬픔으로 모든 살과 뼈가 소멸된 에코는 목소리만 남게 된다. 그 목소리로 에코는 지금도 자신을 부르는 사람들에게 대답할 준비를 하고 있다. 산 속의 메아리가 바로 그것이다.

일반적으로 요정은 그들이 내킬 때는 사람들에게 대단한 친절을 베푼다. 집안일을 기꺼이 도와주거나 선택된 사람들에게 선물을 주기도 한다. 그러나 악마처럼 극도로 해로운 행동을 하기도 한다. 아일랜드와 스코틀랜드 사람들은 땅 속에 사는 요정들이 소년들과 남자들을 납치해 지하에 가두어 둔다고 생각했다. 사람들은 이 요정들이 뾰족한 화살을 갖고 있다고 믿었다. 이처럼 착하게 굴건 해를 끼치건 모든 요정은 대단히 민감한 존재임에 틀림없다. 요정은 사람들이 자신들의 허락 없이 자신들을 보는 것조차 싫어하기 때문이다.

요정 세계에서의 시간은 인간 세계에서의 시간과 그 속도가 다르다. 요정 세계를 방문하고 돌아온 사람들은 그들이 자리를 비운 사이에 수십 년 또는 수세기가 경과된 사실을 확인하고 충격을 받는다.

한때 요정의 모습을 찍은 사진이 공개되어 세상이 시끌벅적했던 적이 있다. 1922년, 영국의 추리 소설 작가인 아서 코난 도일이 공개한 사진 때문이었다. 그 사진은 영국의 코팅레이에 사는 두 여자 아이가 요정과 함께 있는 모습을 찍은 것이었다. 그러나 1981년, 두 소녀 중의 하나가 그 사진은 속임수였다고 털어놓았다.

12

고블린, 골렘

상상 동물 중에서 가장 종류가 많은 것은 아무래도 사람을 닮은 괴물들이다.

　　사람들에게 알려진 괴물 중에서 가장 더럽고 해로운 존재 가운데 하나로 손꼽히는 것이 고블린이다. 고블린은 성질이 포악하며 교활하다. 키는 1미터쯤 되며 외모는 지극히 추악하게 생겼다. 짐승 같은 얼굴에는 돼지를 닮은 눈, 납작한 코, 예리하게 생긴 더러운 이빨이 있다. 손가락은 길고 손톱은 날카롭다. 얼룩진 피부에 머리카락은 엉켜 있고 몸에서는 썩은 냄새가 난다. 더러운 몰골에 언제나 해어진 옷을 입고 다닌다.

　　고블린의 수명은 30년에 불과하지만 자연사할 만큼 충분히 살기는 어렵다. 그럼에도 불구하고 고블린의 수는 빠른 속도

로 증가한다. 번식 능력이 뛰어나기 때문이다. 여섯 살이면 새끼를 낳을 수 있고, 임신 기간은 6개월에 불과하다.

고블린은 햇빛을 싫어해서 어두컴컴한 동굴 안에서 산다. 때때로 사람 사는 집에 침입하여 거처를 마련하기도 한다. 일반적으로 고블린은 도시보다는 사람이 많지 않은 시골집이나 매우 오래된 건물을 선호한다. 사람의 집에 들어가면 물건을 감추거나 깨부수고 애완동물을 괴롭히며 아이들을 놀라게 한다. 우유를 엎지르고 달걀을 깨거나 바늘과 실을 헝클어 놓고 과일이 익기도 전에 나무를 흔들어 과일을 떨어뜨리는 등 못된 짓을 도맡아서 한다. 또한 사람의 귓속으로 들어가서 악몽에 시달리게도 한다. 고기를 좋아해서 사람을 자주 잡아먹으며, 사람과의 사이에서 아이를 낳기도 한다. 그런 아이들은 대개 저능아로 태어난다.

고블린에게 붙잡힌 사람들은 고블린끼리 싸우도록 만들면 탈출할 수 있다. 약탈한 물건을 놓고 서로 의심하게 부추겨서 싸움을 붙이고 그들이 싸우는 틈을 타서 빠져나오면 된다.

사람에게 해로운 존재인 고블린은 요정인 엘프에게 특별한 증오심을 갖고 있다. 그래서 엘프를 보는 즉시 공격하여 포로로 붙잡아 공포스러운 고문을 가한다.

고블린은 사회 조직을 갖추고 있다. 가장 힘세고 교활한 녀석이 우두머리가 되고 나머지는 그 밑에서 집단을 이루며 함께 산다. 그러나 사실상 개인주의가 강하여 우두머리를 곧잘 무시한다.

사람을 닮은 괴물 중에는 사람이 만든 인조인간, 곧 로봇이 있다. 유대 인들의 지혜를 집대성한 책인 『탈무드』에는 율법학자(랍비)들이 지구의 모든 지역에서 긁어 모은 흙먼지를 반죽하여 만든 덩어리로 인조인간을 창조하는 대목이 나온다. 모양이 없는 찰흙덩어리를 골렘이라 한다. 골렘은 '생명이 없는 물질'을 뜻한다.

골렘은 적당한 의식을 치르면 사람의 형상을 갖게 된다. 그 다음 골렘의 이마에 '진리'라는 뜻의 글자 emet를 새겨 주면 생명을 얻는다. 이 피조물을 파괴하려면 첫 글자를 지우면 된다. 남은 글자 met가 '죽음'을 뜻하기 때문이다.

골렘은 랍비의 집이나 교회당에서 허드렛일을 거드는 하인, 또는 유대 인 사회를 보호하기 위하여 이교도들을 감시하는 스파이 역할을 하였다.

유럽에서 아주 유명한 전설적인 골렘은 1580년 한 랍비에 의해 창조되었다. 이 골렘은 체코의 수도인 프라하 시내를 돌아다니면서 이교도들이 유대 인을 학살하는 데 대한 첩보를 수집하였다.

골렘에 대한 이야기는 오스트리아의 작가인 구스타프 마

이링크(1868~1932)의 환상 소설 『골렘』 덕분에 널리 퍼지게 되었다. 그 내용을 간추려 보면 다음과 같다.

17세기에 한 랍비가 골렘이라는 인조인간을 만들었다. 인조인간은 회당에서 종을 치는 일과 힘든 일을 도맡아서 처리하였다. 그러나 그는 다른 보통의 인간과는 달랐다. 랍비가 골렘에게 성장에 필요한 생명의 입김을 불어 넣어 주지 않았던 것이다. 따라서 그의 생명은 저녁까지만 지속되었다. 골렘은 신비한 부적의 영향을 받았다. 이 부적은 혀 아래 놓여 있었는데, 어느 날 오후 저녁 기도를 올리기 전에 랍비는 골렘의 입에서 부

적을 꺼내는 것을 잊어버렸다. 그러자 골렘은 발광하여 어두운 거리를 내달렸다. 그리고 자기 앞에 나타나는 사람을 닥치는 대로 죽였다. 가까스로 랍비는 골렘을 붙잡아서 부적을 꺼내 찢어 버렸다. 그러자 골렘은 진흙 인형으로 되돌아갔다.

13

피에 대한 갈증

흡혈귀

살기 위해서 살아 있는 사람의 피를 마셔야 하는 흡혈귀(뱀파이어)는 예나 지금이나 인간의 호기심을 자극하는 존재이다. 흡혈귀는 매장한 지 몇 주가 지나도 썩지 않는 시체를 가리킨다. 머리카락이 비정상적으로 자라나며 눈썹 역시 더부룩하고 손바닥에도 터럭이 나 있다. 밤에만 나와서 활동하는 흡혈귀는 새벽닭이 울기 전에 무덤으로 돌아가야 한다.

18세기 초, 유럽에서는 흡혈귀를 정의하는 두 가지 뚜렷한 특징이 있었다. 첫째, 흡혈귀는 밤이면 무덤에서 나와 살아 있는 인간의 피를 빨아먹으며, 죽은 뒤에도 그 존재가 사라지지 않는 것이다. 둘째, 흡혈귀의 희생자 역시 죽은 뒤에 흡혈귀가 된다는 것이다.

이론상으로는 누구나 흡혈귀가 될 수 있다. 그러나 마녀나 죽은 채 태어난 아기, 자살한 사람, 격렬한 폭력의 희생자, 기독교식으로 매장되지 않은 사람들이 다른 사람보다 흡혈귀가 될 가능성이 훨씬 높다. 선천적인 특성 때문에 흡혈귀가 될 운명을 타고난 사람도 있다. 예컨대 태어날 때부터 이가 나 있는 사람, 비할 데 없이 푸른 눈을 가진 사람, 빨강머리나 몸에 점이 많은 사람이 그런 사람들이다.

　　흡혈귀를 찾아내기 위해서는 젊은 처녀를 흰 처녀 말에 태워 무덤 사이로 달리게 한다. 말이 어느 무덤 앞에서 뒤로 물러선다면 그 무덤은 흡혈귀의 무덤이 틀림없다. 무덤 근처에 있는 작은 구멍도 하나의 증거가 된다. 안개로 변신한 흡혈귀가 이 구멍을 통해 무덤을 빠져나온다고 여긴 것이다.

　　흡혈귀는 성수, 성찬용 빵, 십자가를 무서워한다. 흡혈귀를 퇴치하는 무기 중 십자가 다음으로 확실한 것은 마늘의 줄기와 꽃이다. 흡혈귀는 마늘 냄새를 견디지 못한다. 그러나 흡혈귀를 단숨에 영원히 제거할 수 있는 유일한 방법은 흡혈귀의 심장에 나무 말뚝을 박는 것이다.

　　피를 마시는 시체에 관한 전설은 기원전 6세기의 고대 중국이나 페르시아에서도 쉽게 찾아볼 수 있으나, 흡혈귀 전설은 유럽 사람들의 상상력이 만들어 낸 것이라 할 수 있다.

14세기부터 유럽에서는 흡혈귀에 대한 이야기가 널리 퍼져 나가기 시작했다. 흑사병으로 죽은 시체들이 흡혈귀가 되었다고 상상한 것이다. 15세기에는 흡혈귀와 매우 흡사한 인물이 등장한다. 블라드 테페스(1431~1476)이다. 오늘날 루마니아에 속하는 고대 왕국 왈라키아의 왕자인 테페스는 블라드 드라큘의 아들이다. 테페스는 투르크 제국의 침입에 맞서 용감히 싸운 민족의 영웅이었으나 단지 재미를 위해 수천 명을 말뚝에 박아 놓을 정도로 잔혹한 폭군으로 돌변했다. 그래서 그에겐 두 개의 별

명이 붙었다. 하나는 테페스(말뚝으로 박는 자)이고, 다른 하나는 아버지의 이름에서 따온 드라큘라(악마 또는 용)이다.

17세기 초, 헝가리에서는 에르체베트 바토리(1560~1614)라는 여자 백작이 자신의 젊음과 아름다움을 영원히 유지하기 위해 600명 이상의 소녀를 잔혹한 고문 끝에 살해한 뒤 그 피로 목욕을 즐겼다. 1611년, 바토리를 심판하는 재판이 열렸으나 그녀는 특권층의 후원으로 목숨을 건졌다. 그 뒤 그녀는 모든 문이 폐쇄된 감방에서 참회하면서 여생을 마쳤다.

1897년, 아일랜드의 작가인 브램 스토커(1847~1912)는 블라드 테페스의 잔인함을 묘사한 소설 『드라큘라』를 썼다. 이 소설은 발표 즉시 호평을 받았으며, 그가 죽은 지 12년 뒤인 1924년에는 연극 무대 위에 올려져 엄청난 성공을 거두었다. 그 당시 드라큘라가 입고 나온 야회복과 검은 망토는 오늘날 흡혈귀의 상징이 되었다.

1931년에는 할리우드에서 드라큘라를 소재로 한 영화가 만들어졌고, 이 때부터 드라큘라 신화가 널리 퍼지게 된다. 그 당시 미국은 1929년의 뉴욕 주식 거래소 주가 폭락으로 시작된 경제 대공황 때문에 수백만 명이 실직의 고통 속에 빠져 있었다. 미국인들이 보기에 드라큘라는 경제 위기로 빚어진 증오와 고통을 그 어떤 영화 속의 괴물보다 잘 표현하고 있었고, 덕분에 영화는 인기몰이를 할 수 있었다. 그 후로 수없이 많은 드라큘라 영화가 만들어졌고 흡혈귀의 전설은 오늘날에도 여전히 현대인의 머릿속을 떠나지 않고 있다.

14

기독교의 상징

팬서, 펠리컨, 칼라드리우스

상상 동물 중에는 예수 그리스도를 상징하는 동물이 적지 않다. 피닉스, 유니콘, 팬서, 펠리컨, 칼라드리우스는 예수를 나타내는 동물들이다.

피닉스는 스스로를 제물로 희생시켜 사흘 동안 죽어 있다가 자신을 불태운 재 속에서 다시 태어나기 때문에 사흘 만에 부활한 예수를 상징한다.

유니콘 또한 예수의 생애를 상징적으로 보여 주는 동물로 여겨진다. 하나의 뿔은 하나님의 외아들인 예수를 가리키며, 해독 작용을 하는 뿔은 죄를 사한 예수의 힘을 상징한다. 또 처녀에게 순종하는 유니콘은 성모 마리아를 통해 사람으로 태어난 예수를 가리킨다.

팬서는 원래 표범을 뜻하지만, 상상 동물인 팬서는 육식 포유류인 표범과는 상당히 다른 동물이다. 앵글로색슨 족의 동물 우화집에는 팬서가 산이나 은밀한 장소에 보금자리를 만들어 혼자 살며, 달콤한 목소리와 향기를 지녔다고 적혀 있다. 팬서는 사흘 밤 동안 잠을 잔 뒤 깨어나서 노래를 부르는데, 수많은 사람들과 동물들이 그 달콤한 노랫소리와 향기에 이끌려 팬서 주위로 몰려든다.

팬서가 깨어나는 것은 예수의 부활을 의미하며, 노래를 듣고 찾아온 사람들은 신자들을 나타낸다. 팬서의 숨결에서 나오는 향기는 예수의 달콤한 감화력을 상징한다.

팬서의 가장 오래된 적은 용으로, 팬서와 용은 쉴새없이 싸운다. 이 때 용은 악마, 팬서는 예수를 가리킨다.

물새의 일종인 펠리컨은 새끼일 때 깃털은 하얗지만, 두 번째 나오는 깃털은 노란색이거나 푸른색이다. 어미새는 부리와 발톱으로 새끼를 어루만져 주는데, 너무 심하게 어루만져서 결국 새끼를 죽이게 된다. 그로부터 사흘이 지나면 아비새가 날아온다. 아비새는 어미새 때문에 새끼들이 죽은 것을 보고 절망한 끝에 자기 가슴을 마구 쥐어 뜯는다. 이때 아비새의 가슴에서 흘러나온 피가 죽은 새끼들을 부활시킨다.

이처럼 펠리컨은 자신의 가슴에서 흐르는 피로 새끼들을

키우는 것으로 알려져 있기 때문에 희생, 사랑, 은총을 상징한다. 특히 기독교에서는 펠리컨의 희생이 예수 그리스도의 희생을 상징한다고 여긴다. 요컨대 죽은 자들에게 새로운 생명을 주는 펠리컨의 피가 예수의 몸, 십자가, 피의 희생을 통한 속죄를 암시한다는 것이다.

단테는 『신곡』의 「천국편」에서 인간의 죄를 위해 피를 흘린 예수를 '우리의 펠리컨'이라고 불렀다.

어느 라틴 작가는 예수를 이렇게 묘사하였다.

그는 가슴을 찢고 그 피로 새끼들을 구한 펠리컨처럼, 우리를 구하기 위해 옆구리에 창상을 입으셨기 때문에 펠리컨이라고 부른다.

칼라드리우스는 까마귀처럼 생겼지만 이 세상에서 가장 하얀 새이다. 부리, 날개, 꼬리 역시 검은 데라고는 한 군데도 없이 온통 하얗다. 키는 30~60센티미터이며, 날개 길이는 1.2~2.1미터이다. 수명은 15~20년이며, 유럽에 산다. 그리고 대개 왕궁 터에서 서식하는데, 숫자가 많지 않으며 혼자서 산다.

칼라드리우스는 사람의 질병을 진단하고 치유하는 능력을 지니고 있다. 환자의 병세가 깊어지면 칼라드리우스를 데려

와서 침상에 누워 있는 환자의 가슴께에 올려놓는다. 만일 죽음을 피할 수 없는 병이라면, 칼라드리우스는 머리를 젖혀 환자를 외면한다. 그러나 회복될 병이라면, 칼라드리우스는 환자를 가만히 응시하다가 환자의 입술에 부리를 대어 입을 벌린 다음 병의 기운을 홀짝 들이마신다. 그리고 태양을 향해 치솟아 날아가서 병의 나쁜 기운을 모조리 살라 버린다. 그것으로 환자의 질병도 깨끗이 치유되는 것이다. 또한 칼라드리우스의 배설물을 눈에 바르면 장님이 눈을 뜰 수 있었다고 한다.

기독교 동물 상징 사전인 『피지올로구스』에 따르면, 예수는 어둠이라고는 한 점도 없이 오직 하얀빛으로 충만하기 때문에 칼라드리우스를 예수의 상징으로 여긴다.

15

숨어 사는 동물

네시, 예티, 빅풋

지구상에는 아직도 수많은 미지의 동물들이 사람의 손길이 미치지 못하는 바다나 밀림 속에 숨어 있을지 모른다. 과학적으로 설명되지 않는 괴물 이야기가 지구 곳곳에서 구전되고 있다. 이처럼 숨어 사는 미지의 동물을 연구하는 분야를 신비 동물학이라고 한다. 신비 동물학의 최대 관심사는 3대 괴물인 네시, 예티, 빅풋이다.

네시는 영국 스코틀랜드 지방에 있는 거대한 호수인 네스 호에 살고 있다는 괴물이다. 6세기경부터 네시 이야기가 나돌았으나 세계 언론의 주목을 받기 시작한 것은 1933년부터이다. 그해 여름 영국의 재봉사 부부가 네스 호 근처에서 도로를 가로질러 가는 괴물을 보게 된다. 그 동안 보고된 목격 내용과 크게 다

른 것은 없었지만 수천 명이 이 부부의 방송 인터뷰를 청취하고, 또 신문에 대서특필됨에 따라 네스 호 전설은 세계적인 관심사로 부각되었다.

그로부터 1년도 안 되어 신문의 톱뉴스를 장식하는 놀라운 사건이 발생한다. 1934년, 영국의 저명한 의사가 네시의 모습을 촬영한 사진을 공개한 것이다. 이 사진은 수면 위로 떠오른 플레시오사우루스의 상반신을 찍은 것이었다. 플레시오사우루스는 공룡의 전성 시대에 살았던 파충류로서, 목이 뱀처럼 길고 머리가 짧은 네 발 달린 동물이다. 이 사진 덕분에 해마다 수천 명의 관광객이 네스 호로 몰려들었다. 그러나 1994년, 60년 동안 네시의 존재를 뒷받침한 이 사진이 날조된 것으로 드러났다. 그럼에도 불구하고 아직도 많은 사람들은 네시의 존재를 굳게 믿고 있다.

수세기 동안 티베트, 중국, 인도, 네팔 사람들에게 예티라고 알려진 괴물은 히말라야 산맥의 눈 속에 살고, 사람처럼 생겼기 때문에 설인이라고도 불린다. 키는 2미터 정도에 털북숭이이며 야행성인 것으로 알려졌다.

예티가 서방 언론에 처음으로 크게 소개된 것은 1921년이다. 세계 최고봉인 히말라야 산맥의 에베레스트 산을 등반하던 사람들이 높은 산악 지대의 눈 속에서 검은 물체가 움직이는 것을 쌍안경으로 보았으며, 산 속에서 사람의 것보다 세 배가량 큰 발자국을 발견했다는 기사가 실린 것이다.

1951년, 예티에 대한 관심은 세계적으로 급상승했다. 한 등반가가 에베레스트 산을 탐험하다가 눈 위에 찍힌 거대한 발자국을 사진에 담은 것이다. 길이는 33센티미터, 너비는 20센티미터나 되었다.

2001년, 영국의 텔레비전 다큐멘터리 제작진은 부탄 왕국의 숲 속에서 예티의 것으로 추정되는 머리카락을 찾아냈다. 유

전자를 분석한 결과 이 머리카락은 사람이나 다른 동물의 것이 아닌, 정체불명의 것으로 밝혀졌다.

예티의 실체에 대해서는 논란이 끊이지 않고 있지만 신비 동물학자들은 예티의 존재 가능성을 확신하고 있다.

빅풋은 북아메리카 북서부 산 속에 살고 있다고 알려진 동물로, 손이 길고 털이 많으며 사람과 비슷하다. 빅풋의 생김새에 대해서는 다양한 주장이 있지만 그 가운데에서 몇 가지 공통점을 찾을 수 있다. 검은 털로 뒤덮인 빅풋의 키는 1.8~2.4미터이다. 몸집은 두툼하고 허리는 거대한 원통처럼 생겼으며, 머리가 작고 이마나 목은 거의 없다시피 하다. 눈은 작고 동그랗고 까맣다. 사람처럼 생긴 발은 매우 커서, 발자국의 평균 길이가 35~40센티미터이다. 몸에서는 매우 불쾌한 냄새가 난다.

빅풋은 야행성이며 대개 혼자서 산다. 말은 하지 못하며 높은 음의 휘파람 소리나 날카로운 소리를 낸다. 주로 열매나 과일을 먹고 산다.

빅풋은 1811년에 처음 목격되었으나 1958년부터 언론에 소개되어 미국인들에게는 지대한 관심사가 되었다. 빅풋의 존재에 대해 논쟁이 들끓었던 시기는 1967년이다. 한 아마추어 사진작가가 빅풋 암컷이 숲 속으로 걸어 들어가는 모습을 휴대용 영화 카메라로 찍은 필름을 공개했던 것이다. 이 필름을 두고 열띤

공방전이 벌어졌으나 오늘날까지 아무도 필름이 조작된 것인지 아닌지 판가름해 내지 못하고 있다.

빅풋은 미국에서 피자, 스케이트 보드 등의 상품 이름으로 애용될 정도로 인기가 높다.

더 읽어 볼 만한 책

상상 동물에 관한 책

이인식, 『신화상상동물 백과사전』, 생각의나무, 2003

이인식, 『신비동물원』, 김영사, 2001

브리지트 코팽, 김승욱 옮김, 『판타지 여행 환상 동물 백과』, 문학동네, 2000

호르헤 루이스 보르헤스, 남진희 옮김, 『상상동물 이야기』, 까치, 1994

정재서(역주), 『산해경』, 민음사, 1996

피지올로구스, 노성두 옮김, 『기독교 동물상징사전』, 지와 사랑, 1999

조앤 K. 롤링, 최인자 옮김, 『신비한 동물 사전』, 문학수첩리틀북스, 2001

빅 드 동데르, 김병욱 옮김, 『세이렌의 노래』, 시공사, 2002

장 마리니, 장동현 옮김, 『흡혈귀』, 시공사, 1996

로타르 프렌츠, 이현정 옮김, 『그래도 그들은 살아 있다』, 생각의나무, 2002

전설에 관한 책

아서 코트렐, 편집부 옮김, 『그림으로 보는 세계신화사전』, 까치, 1997

세르기우스 골로빈, 이기숙·김이섭 옮김, 『세계 신화 이야기』, 까치, 2001

김종대, 『33가지 동물로 본 우리문화의 상징세계』, 다른세상, 2001

위앤커, 전인초·김선자 옮김, 『중국신화전설』, 민음사, 2002

마르크 볼린느, 유정희 옮김, 『상대적이며 절대적인 저승의 백과사전』, 열린책들, 1997

찾아보기